メダリストへの道

五輪に挑むボクサーたちの肖像

写真　高尾啓介

石風社

五輪へ向かう君たちへ

ロンドン五輪ボクシング代表が決まった。日本から4名もの代表が出場するのは、アジア予選が制度化された1992年のバルセロナ大会以来、5大会（20年）ぶりであり、メダルへの期待も大きい。

2011年、世界選手権のミドル級決勝で互角の闘いを演じながら無念の「銀」に泣いた村田諒太（南京都高～東洋大～現東洋大学職員）は、近年、スピードとパンチに磨きが増すメダリスト最短距離のファイター。

2010年のカザフスタン大統領杯で優勝し、アジア大会で2大会連続銅メダルを獲得したフライ級代表の須佐《すさ》勝明（会津工業高～東洋大～現自衛隊体育学校）も、リングへの執念がボクサー人生での満潮の時を迎え、心身共に充実している。

バンタム級は2大会連続の五輪出場を決めた清水聡（関西《かんぜい》高～駒澤大～現自衛隊体育学校）。デェフェンスのうまさは12年の豊富な試合経験で培ったもので、調った顔がそれを物語る。自分のペースに誘いながら、最後まで自らのボクシングスタイルを貫けば、メダルも射程圏内にある。

ウェルター級は鈴木康弘（北海学園札幌高～拓殖大～現自衛隊体育学校）。昨年の世界選手権では銀メダルを獲得した選手に敗れはしたが、「次こそは負けない」と雪辱を期す。長身ながら素早い脚力とスピードに乗ったパンチを武器に闘えば、メダルが見えてくる。恩師である拓殖大学の故・鈴木達夫監督にも、メダルを持って仏前に報告すると宣言した。

この4名には共通点がある。それは全員が「社会人ボクサー」であること。一度は挫折や引退でリングから遠ざかり復活を遂げた点でも共通している。そして、ボクシング生活を支えてくれる良き家族の存在もある。特に村田、須佐の二人は一子を授かり、それが心の支えになって、ボクシングに向かう気力が、より増してきたという。

思えば第二次世界大戦で敗れた日本が戦後復興をとげ、国民が自分たちの生活を取り戻そうとひたむきに生きていた昭和20～30年代、世界に向けて開催したのが東京オリンピックだった。昭和33年（1958年）生まれの筆者は当時小学校入学前だったが、周囲の大人と一緒にモノクロテレビに釘づけになった。闘う選手たちの奮闘に興奮しながら、自分と同じ日本人が世界を相手に活躍していることに身震いしたことを今でも記憶している。

あれから48年が経った今年1月20日、東京五輪金メダリストの櫻井孝雄氏が70年の生涯を終えた。

今、五輪代表の4人の若者に、身勝手にわが身を託すような気持ちでこの祭典を待ち望む自分がいる。そして期待に胸躍らせるような気持ちで選手を送り出す多くの人たちがいる。日本を代表してリングに上がる役割の重さに潰されないよう念じつつ、君たちへのささやかなエールとして、この写真集を捧げます。

高尾啓介

東京五輪金メダリスト、故・櫻井孝雄
(2009 年 10 月 17 日、中央大学記念会館)

第1章
メダリストへの道

夢見た舞台

村田諒太

ミドル級・ロンドン五輪代表
（南京都高〜東洋大〜現東洋大学職員）

「村田は才能もあるのに努力もする。だから強い。別格です」。東洋大学の東郷武総監督はそう話す。その伝説は南京都高校時代から始まり、高校3年時に全日本選手権出場、高校五冠など圧倒的な強さを示してきた。東洋大学進学後も国体、全日本のタイトルを総なめにし「重量級国内最強」の座に就いた。

しかし、村田でさえボクシングを辞めたいと思ったことがある。「北京の五輪アジア予選で負けた時、引退を考えました」。村田も、かつて五輪の舞台を前に泣いた一人なのだ。「でも、その後に母校の事件（元部員の不祥事）のことがあって…このままボクシング部を終わらせたくないと思ったのです。それで、コーチとして復活させたいと」。母校のボクシング部への思いが村田を動かす。

ほどなくして村田は復帰。自身のボクシングも進化を続けた。そして臨んだ2011年の世界選手権。「自分のボクシングが世界で通用すると思っていませんでしたし、自信すらありませんでした」。村田の戦績を見る限り想像もできないような言葉だ。だが気力と瞬発力を生かし2回戦に駒を進めた村田は、優勝候補と言われていた対戦相手を見事にポイントで下す。「泣きじゃくるくら

い嬉しかった」というこの一勝が、村田に大きな自信を与える。そして、村田はついに決勝戦まで勝ちあがった。この時点で村田の五輪出場が決定、誰もが優勝を期待した。しかし、24－22のポイントで惜敗し銀メダルを獲得。「オリンピックは、手が届かないような長年の“夢”でした。でも、こうして代表になれて、今度は金メダルという“目標”になりました」と顔をほころばせた。

そんな村田の基礎を作ったと言っても過言ではない人物が、南京都高校の恩師、故・武元《たけもと》前川《まえかわ》監督である。村田は、武元監督は代表になれたことを喜んでくれているだろう、そしてメダル獲得も期待しているはずだと言った。「武元先生に、見守ってくださいなどとは言いません。オリンピックに行ってきますと伝えるだけです」

家族もまた村田の大きな支えだ。「心・技・体の中で一番鍛えるのがむずかしいのは、心の部分だと思います。妻は僕と違ってポジティブなので、精神的にとても助けられています。そして息子の存在も僕にパワーをくれています」。家庭での優しい父親の顔を垣間見せる村田。「ロンドンでは最低でもメダルを獲ります」。五輪出場という一つの夢を叶えた今、表彰台で笑う村田の姿を思い描き、期待する人はきっと多いはずだ。

村田諒太（むらた りょうた）
1986年1月12日生まれ。奈良県出身。ミドル級。南京都高校時代、高校五冠を達成。高校3年時に全日本選手権に出場するも敗退。東洋大学進学。2004年に全日本選手権初優勝。2006年アジア大会出場。2007年世界選手権初出場。翌年北京五輪の出場権を逃す。2011年7月のインドネシア大統領杯で初の国際大会優勝。同年の世界選手権では日本人初の決勝進出を果たすも、僅差で敗れ銀メダル獲得（同選手権での銀メダル獲得は日本の最高成績）。この時点で日本選手として最初のロンドン五輪出場権を得た。現在東洋大学職員。

西武台千葉
南京都
murata

第57回 全国高等学校ボクシング選手権大会

みちのくの意地

須佐勝明

フライ級・ロンドン五輪代表
(会津工業高〜東洋大〜現自衛隊体育学校)

NODAI
REFEREE
自衛隊
体育学校

第60回
体育大会ボクシング競技
asics
大塚製薬
表彰状
賞状

AIBA WORLD BOXING CHAMPIONSHIPS

須佐は、ボクサーと将棋士の二つの顔を持つ。将棋のアマチュア名手であり、プロを目指したこともあるというユニークな才能の持ち主だ。だが高校時代の指導者の一人でもある野宮正城は言う。「高校時代の須佐は、朝寝坊はするし試合の用具も忘れる、手のかかる奴でした。でもボクシングのセンスはピカイチで、大学に入って自ら研究するようになるとさらに強くなりました」。その実力は、プロ、アマチュアを含めて３ラウンド闘えば軽量級ナンバー１との評価もある程だ。

東洋大学から自衛隊体育学校に至る今日まで、須佐は減量苦と闘いながらも多くのタイトルを獲得してきた。しかし、北京五輪のアジア予選で敗退した後、須佐は引退を決意した。そして自衛隊の陸曹教育隊に入校、教育課程を修了する。進路が決まるまではコーチとして後輩を指導していた須佐だったが、再び血が騒ぎ始める。

慌ただしく臨んだ全日本選手権の埼玉県予選会。相手は前年の全国高校総体で優勝した井手。須佐の強打は鳴りを潜め、スタミナも持たず一方的な展開で敗退。実は須佐は、２週間余りで14kgという無理な減量をしていたのだが、言い訳にはならない。無様な終止符は打ちたくなかった。

この惨敗によって、須佐の心に火が点いた。プロのジムを巡り、世界ランカーのボクサーらとスパーリングを続けた。そして挑んだ全日本選手権で優勝し見事に復活。さらにアジア大会銅メダルで弾みをつけ、須佐の第二のボクシング人生が五輪へ向けて動き出した。

2011年は世界選手権に出場するも代表の座を得られず、2012年の五輪アジア予選のラストチャンスでついに代表の座を掴み取った。「代表に決まって、今まで積み重ねてきたことが報われたんだと思いました。ちゃんとやっていれば結果は出ると」。会津工業高校の恩師・篠原宏和監督は「試合の時はなるようにしかならないから、気負いするくらいだったら普段から準備を大切にと言ってきました。須佐にはオリンピックの舞台を楽しんでほしい」とエールを送る。

須佐を支えるのは地元福島県を始めとする多くの応援者、そして家族だ。「代表に決まって、たくさんの方に祝福していただきました。そういった方々や、いつも近くで支えてくれる家族、子どものためにも頑張りたい」。今でも東日本大震災の傷跡が残る福島県。「少しでも明るい話題を届けられれば」。須佐はロンドンでみちのくの意地を見せる。

福島

須佐勝明（すさ かつあき）
1984年9月13日生まれ。福島県出身。フライ級。会津工業高校から東洋大学に進み、2005年の全日本選手権バンタム級で初優勝。2006年のアジア大会フライ級で銅メダル獲得。2007年、自衛隊体育学校に進む。2007年世界選手権16位、翌年の北京五輪アジア予選敗退後引退を決意するが、2009年に復帰。全日本選手権で復活優勝。2010年、カザフスタン大統領杯で優勝。アジア大会で2大会連続となる銅メダル獲得。2011年インドネシア大統領杯で優勝。2012年アジア予選で4強入りしロンドン五輪出場権を獲得。現在自衛隊体育学校。

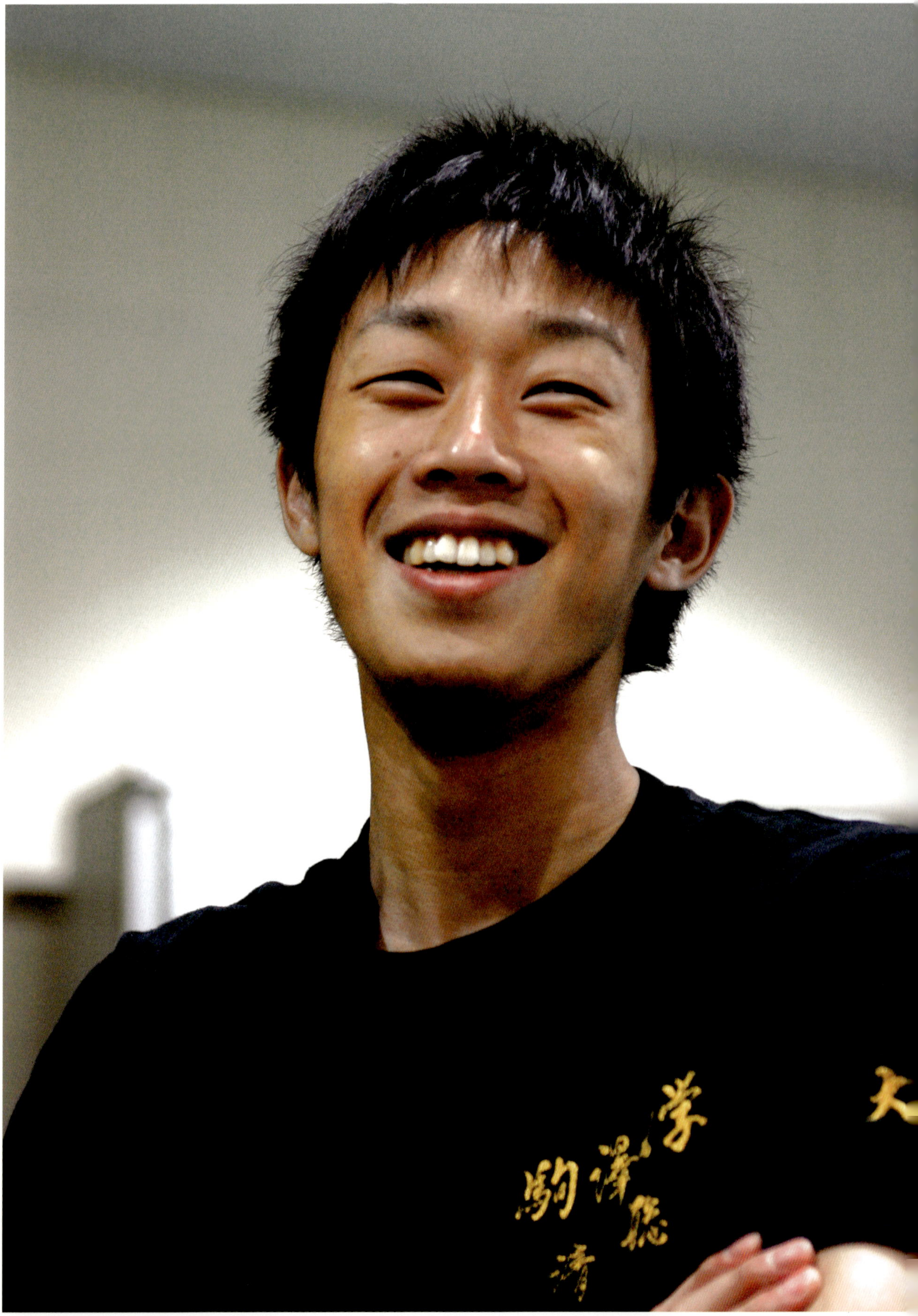

道は続く

清水 聡

バンタム級・ロンドン五輪代表
(関西《かんぜい》高〜駒澤大〜現自衛隊体育学校)

「北京にも出ましたが、今回のロンドンはまた新たな気持ちです」。日本人でも数少ない２大会連続五輪出場を叶えた清水。関西高校、駒澤大学では身長とリーチを生かしたボクシングに徹し、数々のタイトルを手にしてきた。

2011年7月には世界選手権代表の座を勝ち取り、８強入りを目指した。海外経験も豊富で安定した力を発揮していた清水だったが、本戦では２回戦で敗退、五輪の切符も得られず、全日本選手権に懸けることとなった。

これまで何度も全国大会の舞台に立ってきた清水。2011年の全日本選手権も、いつもと同じようにリングに上がった。準決勝まで順調に勝ち進み、岡山の後輩である藤田大和と対戦。しかし、清水はいつものボクシングができず、ポイントで差をつけられ敗退。

五輪への道は閉ざされたと思われたが、年明けの選考会で藤田にリベンジし、最後の望みをかけて向かった五輪アジア予選。清水は３位に入賞し、２回目の五輪切符を掴んだ。「ボクシングを12年続けていて２回もオリンピックに出られると思いませんでした。決まった直後は実感が湧きません

でしたけど、今は本当に幸せです」。関西高校で清水を育てた駒澤大学の熊本道之コーチは言う。「自分もオリンピックに行くのが夢でしたが、弟子がそれを叶えてくれた。嬉しいです」

そんな清水でも、ボクシングから離れようと思ったことがある。常に結果を出さなければというプレッシャーに耐えられなかったのだ。だがそんな清水を、周囲は温かく見守った。「ずっとがむしゃらにやっていましたが、今では自分のペースでできるようになりました」と言う通り、少し肩の力が抜けた。熊本も、「清水は高校時代から身長を生かしたボクシングをしてきました。ロンドンへ出場できることになったのも、今まで清水がやってきた結果。努力が報われた」と、自分のスタイルでやり続けてきた清水を褒めた。

「これまでに色んな方にお世話になってきたので、オリンピックに出場することで、その方たちに恩返しがしたい。今回の僕の結果次第で、世間でのアマチュアボクシングの位置づけが変わると思う。自分のためにも、出場できなかった選手のためにも、結果を残します」。清水は、奮闘を誓った。

第60回　関東大学ボクシングリーグ戦
主催/関東アマチュアボクシング連盟、関東学生アマチュアボクシング連盟　後援/毎日新聞社、ボクシングマガジン

asics
KOMAZAWA
BOXING

清水 聡（しみず さとし）
1986年3月13日生まれ。岡山県出身。フェザー級、バンタム級。関西高校から駒澤大学に進学。2004年の埼玉国体、2007年の全日本選手権、秋田国体で優勝。2005年、2007年世界選手権に出場。2008年北京五輪アジア予選でフェザー級の出場権を獲得するも、世界選手権3位の選手に敗退。2009年4月、自衛隊体育学校に入校。2009年全日本選手権フェザー級で優勝。2012年のロンドン五輪アジア予選にはバンタム級で出場し、3位入賞、ロンドン五輪出場が決定。現在自衛隊体育学校。

asics
asics

asics
札

未来を掴む手

鈴木康弘

ウェルター級・ロンドン五輪代表
（北海学園札幌高〜拓殖大〜現自衛隊体育学校）

REFEREE
asics
札幌

第60回国民体育大会ボクシング競技会
北海道

asics
兵庫
北海道

187cmの長身で国内屈指のハードパンチャー。２つの武器を兼ね備える鈴木康弘は北海学園札幌高校時代に高校三冠を達成した逸材である。鈴木の長いリーチから繰り出されるパンチは早くて重く、皆に恐れられた。しかし、拓殖大学進学後に、その自信はすぐに崩される。「大学に入って先輩にボコボコにされて、これで本当に勝てるのかと不安になりました。レフェリーストップで負けたこともありました」。鈴木は４年時には主将として関東大学リーグ戦でチームを優勝に導き、国体等で活躍するなど貢献はするが、個人タイトルを手にしないまま大学を卒業。

世界の舞台で日の丸を背負って闘いたいと自衛隊体育学校に入校した鈴木を、新たな悲劇が襲う。練習中に右腕の動脈と神経を切断する大怪我を負ったのだ。

全治１年という現実に、鈴木は、ロンドン五輪出場はおろか復帰さえ無理だと思った。この時、鈴木を支えたのは自衛隊体育学校や高校、大学時代の仲間や恩師たちだった。「まだ遅くない。可能性はある」という言葉に鈴木は再びリングに上がろうと決意する。「病院ではリハビリ以外にこっ

そりトレーニングもしていました。看護師さんに見つかって怒られたこともありましたが、絶対にもう一度ボクシングをしたかったんです」

鈴木の思いは届いた。2011年の復帰直後、世界選手権日本代表の座を勝ち取ったのだ。10月の本戦では８強入りはならず敗退したものの、対戦相手が銀メダルを獲得し五輪出場が決定する。そして11月の全日本選手権も優勝。「勝ち続けていたわけではないのに僕なんかでいいのかな」と思ったこともあったが、その気持ちが、逆に発奮へのエネルギーになった。「偶然、出場できてラッキーだなんて言われたこともあります。だから、今度は実力でメダルを獲ります」と意気込んだ。

鈴木は言った。「（拓殖大学ボクシング部の）亡くなった鈴木達夫監督がもし生きていれば、よくやったと褒めてくれると思います。メダルを獲って必ず仏前に報告に行きます」

数々の挫折を味わった鈴木だったが、その度に、鈴木は自らの手で運命を切り開いてきた。今度はその手でメダルを掴み取る番だ。

鈴木康弘（すずき やすひろ）
1987年11月25日生まれ。北海道出身。ウェルター級。右フックを武器とする。北海学園札幌高校では3年時に高校三冠獲得。拓殖大学に進学し、全日本選手権、国体準優勝。大学では主将として大学日本一に導く。卒業後自衛隊体育学校に入校。2010年、練習中に重傷を負って長期休養後、2011年のインドネシア大統領杯で復帰し、銀メダルを獲得。同年10月の世界選手権に出場。3回戦で敗退するも対戦相手が決勝進出を果たしロンドン五輪出場権を獲得した。同年の全日本選手権で初優勝。現在自衛隊体育学校。

Winning
Y. Suzu

弘選手 2012ロンドン
ボクシング競技 出場

御祝
校友会
鈴木康弘君
家族の為 南の沢の為
旭台町内会

第2章
ロンドンに懸けた男たち

井上尚弥

ライトフライ級（相模原青陵高卒）

BOXING

MIZUNO
青陵

川内将嗣

ライトウェルター級・
北京五輪代表
（佐賀龍谷高～専修大～
現自衛隊体育学校）

自衛隊
体育学校

成松大介

ライト級

(熊本農業高〜東京農業大〜現自衛隊体育学校)

青木貞頼

フライ級

（崇徳高〜現東京農業大）

中澤 奨

バンタム級
(興国高～現東京農業大)

服部聖志

ライトウェルター級
(三好高〜現中央大)

藤田大和／藤田健児

バンタム級／ライト級（倉敷高〜現拓殖大）

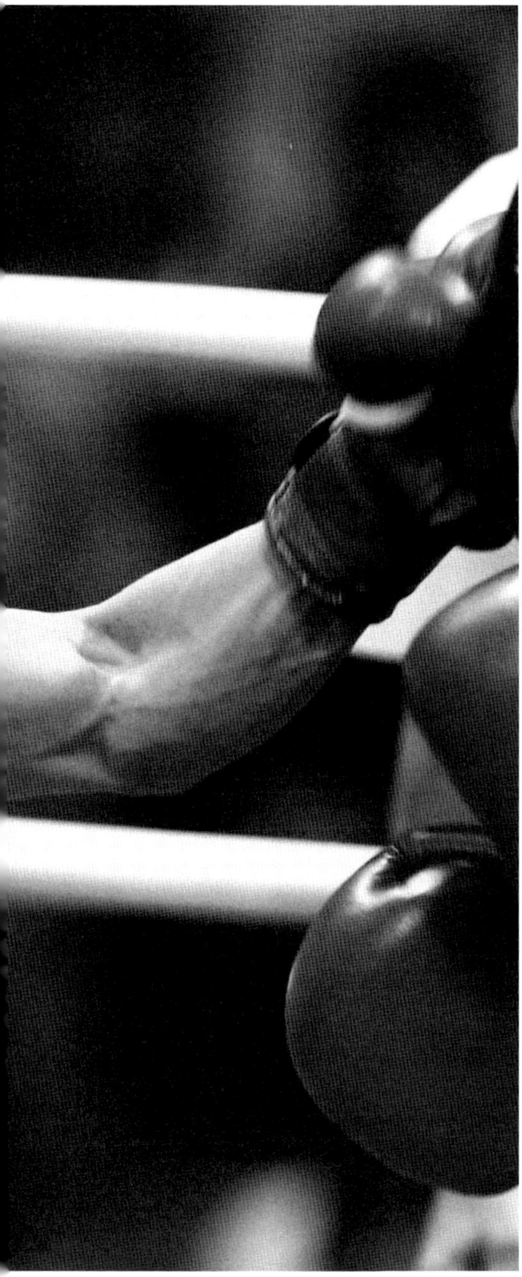

Mizuno

林田太郎

ライトフライ級
(習志野高〜駒澤大卒)

濵崎良太

ミドル級

（岡山後楽館高〜現駒澤大）

中山翔太
ライト級
(莵道高～日本大卒)

岡田良綱
ミドル級
(浜松工業高～現日本大)

福森雄太

ライトウェルター級
（松山聖陵高〜現近畿大）

井上尚弥

ライトフライ級（相模原青陵高卒）

父の背を追いかけて小学生からボクシングを始めた井上。高校にあがる頃にはほぼスタイルを完成させ、高校1年で全国高校総体と国体を制覇。翌年、全日本選手権の決勝戦に挑んだ。だが、駒澤大の林田太郎に敗れ、結果、林田の三連覇を許した。翌2011年、世界選手権への選考会では見事に出場を決めたが、本戦では五輪出場の条件であるベスト８には入れなかった。井上は、次の全日本選手権を目指した。決勝は前年と同じ林田。そして井上は、初めて全日本チャンピオンになった。「前年勝てなかった悔しさがあったから、1年間練習を積んでこられた。それが実った」。だが井上の階級はすでにアジア出場枠が決まっており、道は絶たれていた。しかし、それでも井上は諦めなかった。執念が実ったのは、年が明け、五輪アジア予選を目前にしたころだった。他の階級との兼ね合いでライトフライ級の枠が空き、急遽アジア予選に出場できることになったのだ。井上は完璧な仕上がりで臨んだが、結果、僅差に泣いた。この間に起きたことは「奇跡」ではなく、井上の努力が刻んだ「軌跡」だ。しかし、それも若き才能が紡ぎつつある物語の一幕に過ぎないのかもしれない。井上には今後のサクセスストーリーを期待している。

川内将嗣

ライトウェルター級・北京五輪代表
（佐賀龍谷高～専修大～現自衛隊体育学校）

「オリンピック代表の仲間たちを盛り上げる。それが、今の僕の役割」。佐賀龍谷高校、専修大、自衛隊体育学校で数々のタイトルを獲得、世界選手権でも銅メダルを獲り、北京五輪出場も果たした川内。だが、再び五輪の舞台に立つことはできなかった。北京からの４年間、川内はもがいた。国際大会でのルール改正により、今までのようにポイントが入らなくなったのだ。それからは試行錯誤の繰り返しで、「新ルールでのポイントの取り方を把握し、スタイルも練り直しました」。2012年４月の五輪アジア予選、１ラウンド目からポイントでリードしたが、「それが分かると、少しロンドンがちらついた。それで、緊張して守りに入ってしまった」。２ラウンド目以降、かえって積極的になれなかった。自分の年齢や家族のこともあり、今は４年後のことを考えていないという川内。ここまでボクシングを続けさせてくれた家族や周りの支えに感謝の気持ちを述べつつ、ロンドンへ向かう同志へ向けて川内は言った。「練習で僕に負けているようではダメ。出場できない選手の分まで頑張ってほしい」。それは、世界の厳しさを知る川内だからこその激励というべきだろう。

成松大介

ライト級（熊本農業高～東京農業大～現自衛隊体育学校）

「ＫＯの成松」。東京農大時代からハードパンチャーの呼び声高く、バンタム級で複数のタイトルを獲得してきた。だが、2011年７月の世界選手権に向けた国内選考会で、成松は大学の後輩だった中澤奨に敗れた。五輪予選の幕開けとなる試合だった。奮起した成松は、ライト級に階級を上げ、それから数ヵ月後の国体で見事優勝。11月の全日本選手権でも快進撃は続いた。決勝の相手は、前年のライト級チャンピオン、藤田健児。誰が相手でも意識しないという成松は自分のボクシングを貫き、ポイントで差をつけ栄冠を手にした。年が明けた2012年1月、五輪アジア予選への出場を決める国内選考会に向け、成松は練習を重ねた。「スパーリングの回数を増やし、自信がついた。応援してくれる人の気持ちに応えたかった」。結果、成松は見事に勝利を収め、４月のアジア予選に進んだ。予選に出られなかった選手の分まで頑張ると誓った成松だったが、あと少しのところで惜敗。「敵わない相手ではなかった。でも全力を出し切ったので悔いはありません」。気持ちは、すでに４年後を向いている。「ロンドンの結果次第で自分の実力もわかる。出場できて羨ましい気持ちもありますが、とにかく頑張ってほしい」。その横顔を見ながら、４年後、今度は成松が声援を送られる側の男になっていてほしいと思った。

青木貞頼

フライ級（崇徳高～現東京農業大）

「これから、強い選手が上がってくると思います。そういう選手を突き放すボクシングがしたい。今までは追う立場。追われる立場になって初めて本当の課題が見えてくる」。前だけを見るのではなく、後ろから追ってくる存在をも意識せねば――。青木も、ロンドンに懸けた一人だった。名門・崇徳高校でタイトルを獲得した後、東京農大へ入学してからも連勝を遂げていた青木が全日本選手権で優勝したのは、須佐勝明が不在だった2010年のこと。タイトル獲得を素直に喜びながらも、やはりいつかは須佐と対戦したいと思った。翌年、世界選手権への出場枠を争う国内選考会。男子は、世界選手権でベスト８に入れば五輪出場が約束される。そのため出場メンバーは、全日本選手権決勝クラスの選手がほとんどだった。結局、須佐との直接対決には敗れたものの、次の機会への手ごたえを感じながら、すでに新たな目標をもって前に進み始めていた。そして迎えた2011年の全日本選手権。自分のボクシングを心がけたが、須佐のほうが上手《うわて》だった。青木のオリンピック・ストーリーは終わりを告げた。「自分の中で、一つの区切りを終えました。今は目の前のリーグ戦で優勝することが目標なので」と、早くも気持ちを切り替えた様子の青木だが、それでも須佐が一つの目標であることは変わらない。「世界の舞台で闘うには須佐さんくらいの実力が必要だと分かりましたし、今は素直にオリンピックでの活躍を応援したい」。代表の座をかけて臨んだ数ヶ月間が、またひとつ青木を強くした。

中澤　奨

バンタム級（興国高～現東京農業大）

高校入学以前からボクシングをしていた中澤。その経験と才能を十分に発揮し、東京農大に入学すると、1年生ながら関東大学リーグ戦で白星を挙げ、チームの優勝に貢献。すでに存在感を放っていた。2011年7月に開催される世界選手権に向けた選考会に呼ばれたのは、その少し後だった。「まさか選考会に出られるとは思っていなかったので、チャンスをもらえたことは嬉しかった。オリンピックを意識し始めた」。準決勝では大学の先輩にして前年の全日本覇者、成松大介にポイント勝ち。決勝ではキャリアで上回る清水相手に、中澤も持ち味を生かしたボクシングで対抗したが、惜しくも敗れた。次のチャンスは全日本選手権。数々の実力者を抑え、初出場ながら決勝に進む。相手は高校時代にも対戦したことのある藤田大和。過去の戦績は中澤の全勝だったが、初めて黒星をつけられた。「チャンスはたくさんあった。でも肝心なところで勝てませんでした」。そんな中澤に再びチャンスが訪れたのは年明けのことだった。アジア予選への出場選手を決める最後のチャンス。例年は全日本選手権の覇者がそのままアジア予選へと進むのだが、今回は新たに国内予選の場が設けられたのである。中澤は、とにかく練習した。にわかに復活したわずかな可能性。しかし、あと一歩のところでまたしても届かなかった。「今は国内の試合のことを考えています。国体と全日本でタイトルを獲りたい」。中澤も濃密な1年を経て成長した一人だ。そして「一番の目標は無敗でいること。もう負けませんよ」と白い歯を見せる。そのあどけない笑顔の奥からは、秘めた闘志と大きな可能性がほの見えるようだった。

服部聖志

ライトウェルター級（三好高～現中央大）

三好高校、中央大学で経験を重ね、実力をつけた服部。だが大学２年までは結果を残せず、2010年の全日本選手権は1回戦敗退。これが転機となった。このままのスタイルでは勝てないと奮起し、海外のアマチュア選手を見本にしたファイトスタイルに転向。その甲斐あって、関東大学リーグ戦では見事に勝利をつかんだ。猛者がひしめくライトウェルター級で確実に力をつけてきた服部だったが、途中で何度も怪我に泣かされた。2011年の目標は国体でタイトルを獲得し、全日本選手権で川内に挑戦することだったが、結局どちらの大会でも頂点に立つことはできず、ベストコンディションで臨めなかったことを悔やんだ。「チャンスはあったのにモノにできなかった。体がついていきませんでした」。服部は大学でボクシングを終えるつもりだ。以前から決めていたことで、その表情に未練は感じられない。その代わり「最後の全日本選手権は昨年より追い込む」。そう言って笑った。そして自身がもうオリンピックを目指さない分「憧れの選手たちがオリンピックで活躍することで、ボクシングが認知されれば嬉しい」と期待を寄せた。ボクシングには、ボクサーの数だけドラマがある。服部のように、中途半端に続けたくないと考える者もいれば、できるだけ長くリングに上がり続けたいと思う者もいる。どちらも、その意志の分だけ本人を強くすることは間違いないだろう。走り続けてきた服部の話を聞いて、改めてそう感じた。

藤田大和／藤田健児

バンタム級／ライト級
（倉敷高〜現拓殖大）

「いつボクシングを始めたか？　覚えていないですね。それほど小さい頃から身近にボクシングがあった」。2人は、プロボクサーの兄を持ち実家もボクシングジムを運営する父の下で育った。兄の大和が倉敷高校2年生、弟の健児が高校1年生で迎えた全国高校総体。2人は初めて兄弟でのダブル優勝を飾った。さらに健児は、高校2年にして全日本選手権で優勝。翌年には史上初の総体三連覇という偉業を成し遂げた。兄の大和も拓殖大1年の時に国体、全日本の栄冠を手にした。同じ岡山出身の清水聡が北京五輪代表になったことがさらなる刺激となり、「2人でオリンピックの舞台に立ちたい」と思うようになった。2011年の全日本選手権の準決勝は、大和にとって忘れられない一戦になる。目標にしていた清水と、全日本の舞台で争った大和は足を使ってポイントを重ね、見事勝利。大殊勲を挙げて迎えた決勝の相手は、高校時代のライバル・中澤奨だった。最後の全国高校総体で兄弟優勝できなかった悔しさと、兄弟で全日本チャンピオンになりたいという執念を胸に最後まで攻め続け、ついに頂点に立った。大和の優勝を見届け、それに続くべく健児も決勝のリングに上がった。前半はほとんど互角の闘いを見せたが、後半に失速。チャンピオンの座を譲ってしまった。しかし間もなく、国内最終予選にあたる選考会の開催が決定。これが、2人そろって代表権を獲得する最後のチャンスだ。大和も健児も全日本選手権の再戦だったが、結果は惜しくも届かず、アジア予選に駒を進めることはできなかった。それから数ヶ月。2人は、すでに前を向いて走り出していた。「4年後には自分たちが代表になっていたい」。健児ははっきりと答えた。続けて大和も「2人でオリンピックに出たい。だって4年に1回しかないんですよ」と言った。これまでの4年間、2人は多くのタイトルを手にしてきた。そして、4年後に向け、再び二人三脚で歩んでいく。

林田太郎

ライトフライ級（習志野高〜駒澤大卒）

「オリンピックに出たいなんて、簡単には口にできません」。全日本選手権三連覇を達成し、軽量級を牽引してきた林田は、意外にもそう口にした。林田はこれまで、習志野高校、駒澤大で多くのタイトルを獲得し、海外の試合も経験してきた。今回、五輪出場を決めた選手たちとも世界の舞台で闘ってきた。しかしその経験は、自信ではなく、林田に考える機会をもたらした。「日本と世界の違いを考えさせられた。取り組む意識やスタイルが違いました」。そして林田は、国内で確実に勝っていくことが逆に大切だと考えるようになった。結果、その思いが実を結び、国内では安定した勝利を収めていったが、2011年の全日本選手権では栄冠を逃した。数ヶ月後、林田のもとを訪れると、晴れ晴れした表情で迎えてくれた。周囲からの期待、五輪出場というプレッシャーのかかる中、林田はどんな気持ちで全日本のリングに上がったのか。「今までの全日本選手権と変わらないという気持ちで臨みました。これに勝てばオリンピックが近づくというより、全日本チャンピオンになりたいという気持ちだけ」。その言葉を裏付けるように、練習にも必死に打ち込んでいたと熊本道之コーチは言う。今は母校でコーチとして指導に励む林田。「後進が活躍してくれれば嬉しい。僕自身も、中途半端な気持ちで試合に出場したくない」。これまで林田を支えてきたのは、決して揺るがない思いだった。謙虚な姿勢の中に、その信念はひときわ輝いていたが、第一線を退いたという瞳には、まだ闘志が宿っているようにも見えた。そう遠くない将来、林田は再びリングに戻ってくるかもしれない。そんな予感がした。

濵崎良太

ミドル級（岡山後楽館高〜現駒澤大）

「僕は他の選手のいいところを盗みます。たとえ軽量級であっても自分のボクシングに生かせるのであれば」。そのおう盛な吸収力が、濵崎の強みの一つだ。強豪選手を多数輩出してきた岡山県出身。濵崎は、高校の部活動ではなく、ジムでボクシングを始めた。そのため、高校時代は実戦の機会も少なく、練習相手も満足ではなかった。本格的に鍛えられたのは大学に入ってから。先輩たちと拳を交える中で、多くのものを吸収し、気がつくと、サウスポーへの苦手意識も克服していた。上体の使い方や体の大きさそのものも、相手選手にとってやりにくさを感じさせる強みである。「海外で試合をしたこともありませんし、国内の試合回数も多くなかった」と言う濱崎だが、関東大学リーグ戦や全国大会で経験を重ね、五輪の切符を争うまでの存在になった。2011年の全日本選手権時には、すでにロンドン五輪ミドル級の出場枠は埋まっていたが、一つ上のライトヘビー級で出場ができるかもしれないと、わずかな望みを懸けた。だが、濱崎は途中で敗れ、五輪出場の夢も叶わなかった。それでも、濱崎は驚くほど前向きだ。「今回の出場選手の試合をお手本にしたい。自分が出場できなかったのは残念ですが、勉強する良い機会になる」。2011年は、怪我からの復帰、国体優勝、全日本選手権出場とあわただしく過ぎていったが、すでに次の目標がある。「まずは残りの学生生活を大切にする。4年後のことも考えています」。急成長を遂げた重量級の星は、来季五輪への出場を目指す。夢の舞台に立てるように日々努力すると語る笑顔が印象的だった。

中山翔太

ライト級（莵道高～日本大卒）

岡田良綱

ミドル級（浜松工業高～現日本大）

関東大学リーグ戦、全日本選手権優勝、オリンピック選手輩出と数々の功績を残してきた日大は、今回の五輪予選でもその強さを発揮していた。ライト級の中山は、2010年の全日本選手権で準優勝、ミドル級の岡田は硬いパンチを生かし急成長を遂げた。2人とも2011年7月の世界選手権へ向けた国内の選考会に出場。中山は選考会で2010年の全日本王者にリベンジを果たして岡田とともに世界選手権へ向かった。「日大のメンツもあったし、1勝したかった」。だが、世界選手権では勝利を挙げることはできなかった。敗れた中山は、翌月の全日本選手権に気持ちをつなげた。しかし、準決勝で敗退。さらに年明けに出場予定だった五輪アジア予選の国内最終選考も怪我で出場を断念、五輪への道は閉ざされた。岡田もまた、この時点で五輪出場の可能性は消えていた。だが、そんな先輩の背中を見て、後輩の皆川直輝は「先輩たちの活躍はすごい。自分もオリンピックに出場したい」と言う。五輪出場を目指した1年間を振り返って中山は言った。「試合には敗れましたが、ライバルの存在が自分を磨いてくれました。おかげで気持ちも強くなった」。勝敗以上に大切なものを中山は手にしていた。その瞳に曇りはない。日大ではこれからの活躍を期待できる若き選手たちが、今日も汗を流している。その中から、4年後の五輪の舞台に立つ選手が現れることを期待したい。

福森雄太

ライトウェルター級（松山聖陵高～現近畿大）

大学の4年間、福森は常に闘っていた。入学と同時に廃部になった近大ボクシング部。その現実を前に、為す術もなく立ち尽くした。しかしここから福森は、本当の「強さ」を発揮した。個人戦への出場が認められた2010年の全日本選手権。福森は優勝候補を次々と破り、頂点に立った。初出場での栄光。その才能は、二人三脚で走ってきた先輩の浅井大貴も羨むほどだった。だが福森は、「川内さんに勝ってこそ本当のチャンピオン」と言い、対戦を熱望していた。翌年、川内と対戦する最初のチャンスが巡ってきた。世界選手権への出場をかけた国内選考会。「今振り返っても不思議なくらいモチベーションが上がらなくて……」。結局、福森は準決勝で敗退。川内と拳を交えることはなかった。リングに上がる度に感じていた、部の復活に貢献したいという気持ち。それが、福森の重圧になっていたのかもしれない。先輩・浅井もまた勝利を挙げることはできなかった。だが、チームメイトたちに支えられ、10月の国体で優勝、そのままの勢いで全日本選手権を迎えた福森は、準決勝まで順調に駒を進めた。国体の決勝戦で退けた中央大の服部聖志との再戦だった。だが、福森は勝てなかった。そしてアジア予選へ向けた年明けの選考会でも涙を呑んだ。「昔から気持ちが弱いとか、自信が足りないと言われてきました。もっと精神的に強くならないと、この先はない」。

浅井とは「先輩·後輩以上の関係」と言うほど苦楽を共にしてきた。「廃部直後、ここで見返してやろうと雄太に言いました。だから今までやってこられたんだと思います」。浅井の声は明るかった。福森にとって浅井は「負けたくない存在」。「僕も、雄太にずっとそう思われるような存在でいたいです」と浅井も返した。2人のロンドン五輪は終わった。だが、この先のことは誰にも分からない。母校のボクシング部復活、五輪出場……若い2人の夢が叶う日は、いつかきっと来るだろう。

第3章

五輪の轍《わだち》

57回全日

マチュアボクシング

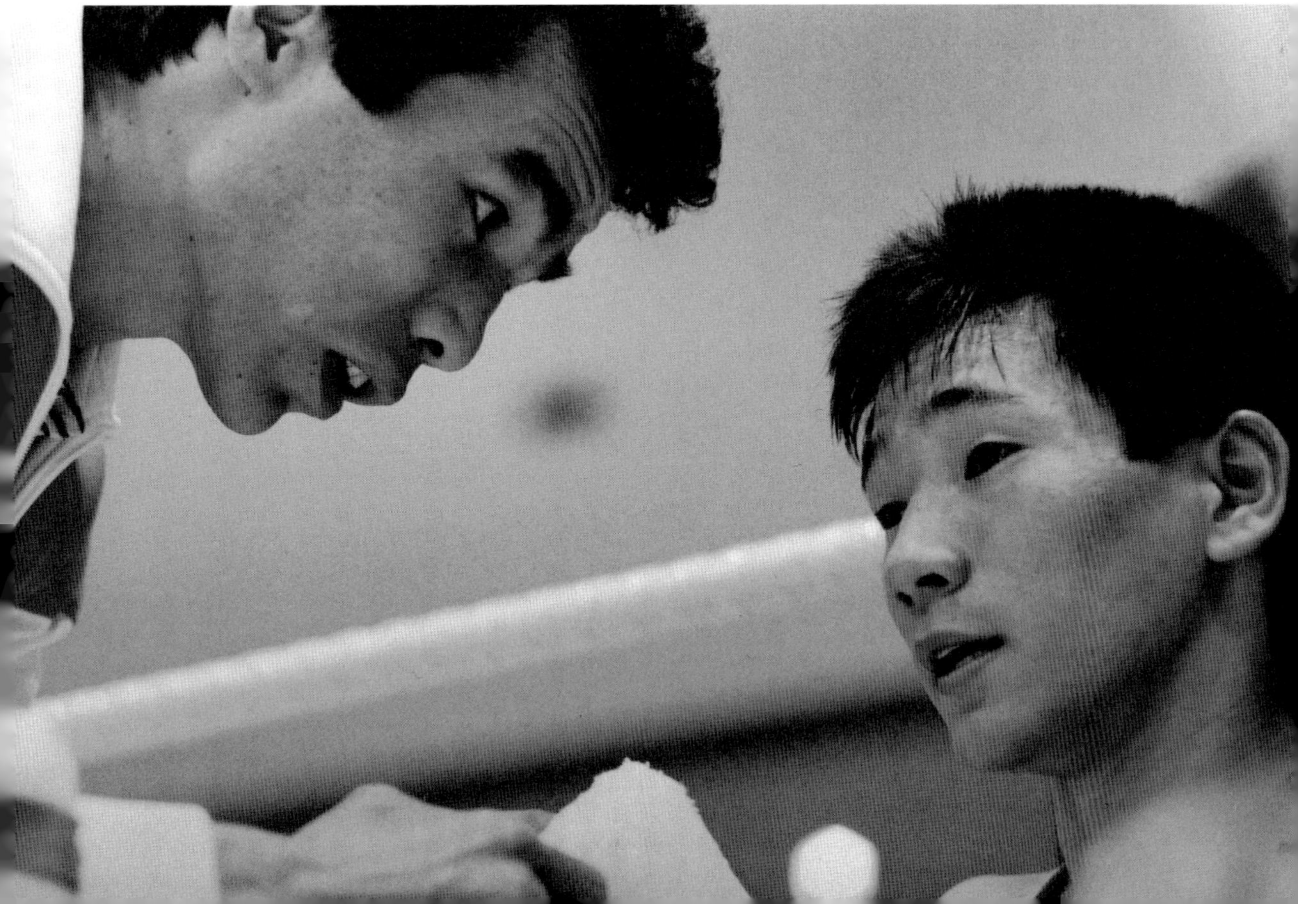

NIHON

ボクシング

歓 第59

第54回全日本アマチュアボ
兼第23回ロスアンゼルスオリンピッ

マチュアボクシング連盟
ュアボクシング連盟

体校

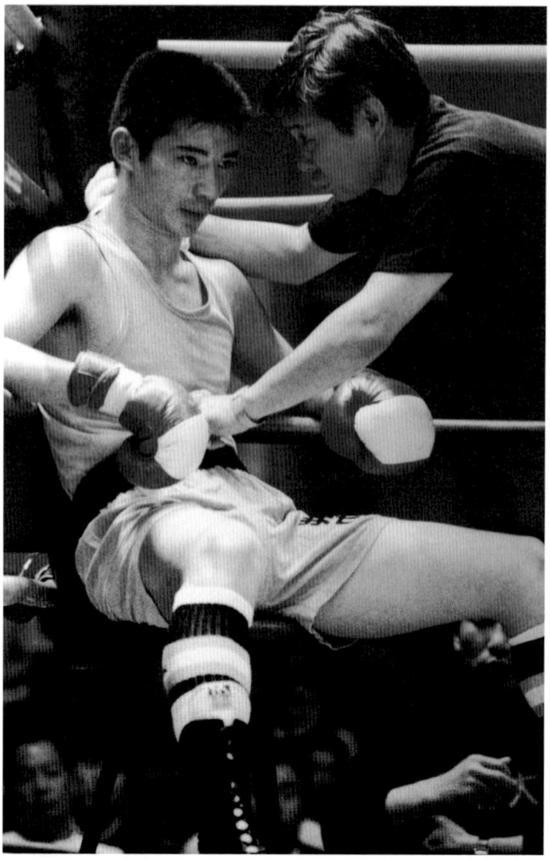

日連

JAPAN

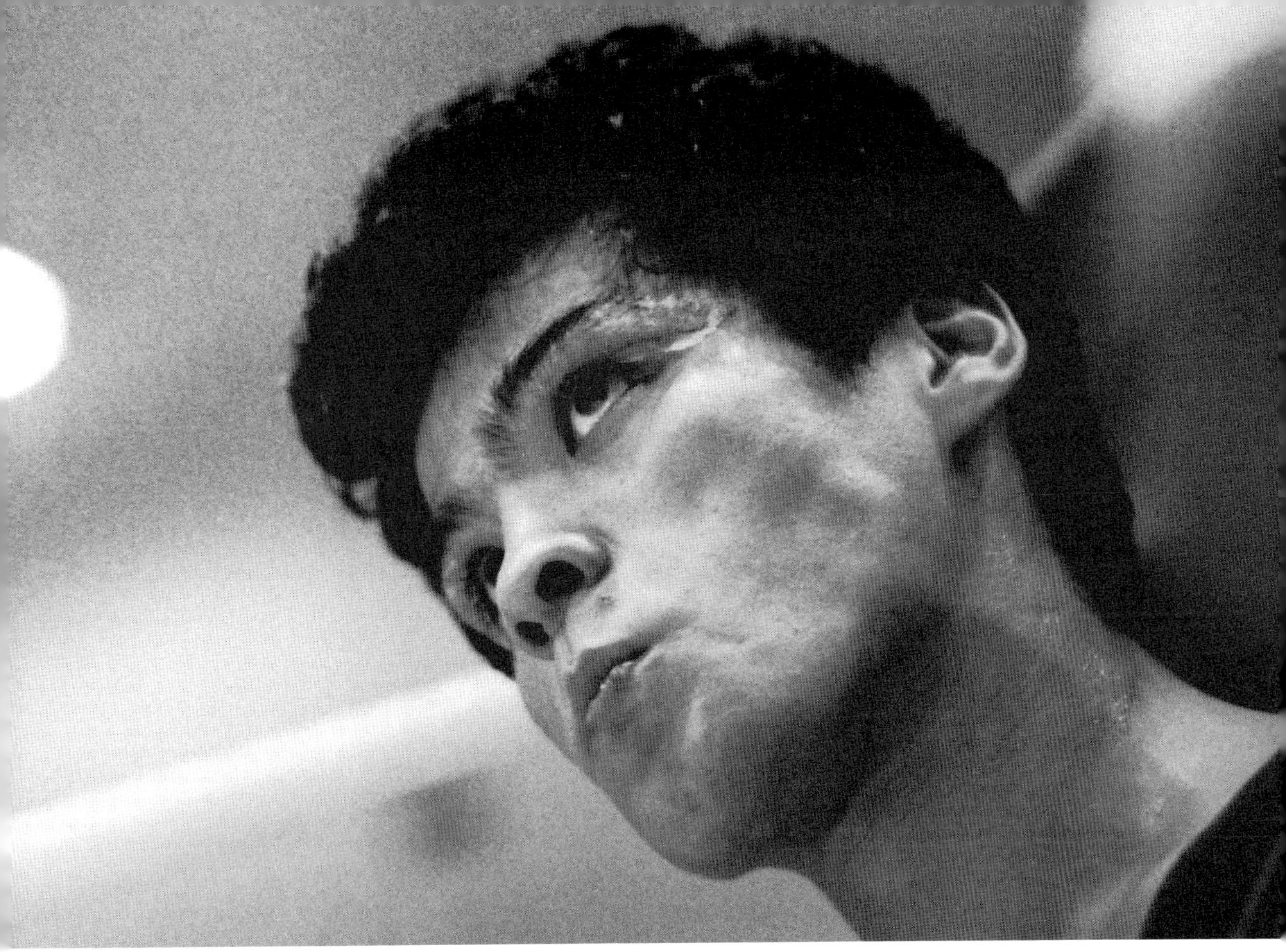

B

権大会
JAPAN

M.NOMI

権大会 迎
B

歓 第60 全日本
PTS

西目

興国
石田

平成23年度全国高等学校総合体育大会ボクシング競技大会
第65回全国高等学校ボクシング選手権大会

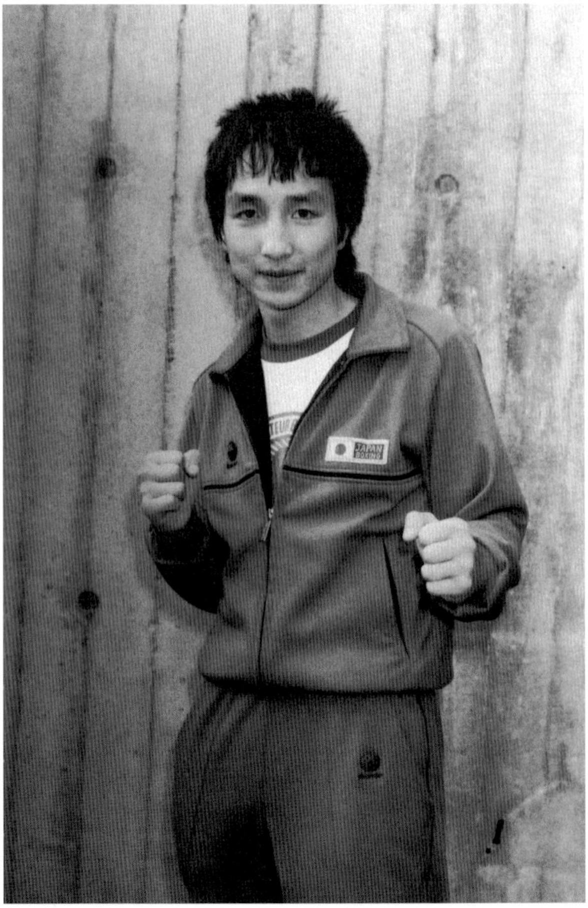
JAPAN BOXING

2012年1月、世界選手権銀メダル祝賀会。ロンドン五輪のチームリーダー山根昌守（中央）とコーチ樋山茂（右）

2011年11月、全日本選手権。元女子選手、元マネージャー、小百合夫人（左から2人目）らと

2012年6月、自衛隊体育学校にて。ロンドン五輪代表の面々

2012年1月、世界選手権銀メダル祝賀会。夫人、長男晴道くんと共に

2005年、兵庫国体。恩師の会津工業高校の篠原宏和福島県監督と須佐

2011年11月、全日本選手権で優勝、最優秀選手賞を授賞した村田

2002年3月全国高校選抜大会。勝利を飾った村田

2005年関東大学リーグ戦。須佐の勝利を喜ぶ仲間たち

2006年、兵庫国体

2003年、全国高校総体。前列右端が村田、後列左端は故・武元前川監督

2005年、関東大学リーグ戦。対東京農業大・五十嵐戦

2011年11月、全日本選手権、決勝のリングに上がる村田

2011年11月、全日本選手権。フライ級で優勝した須佐勝明をかつぎ上げる鈴木（左）と川内

2012年6月、自衛隊体育学校内にて。笑顔を見せる清水聡

2012年6月、東洋大学ボクシング部道場にて

2005年、関東大学リーグ戦。対東京農業大・五十嵐戦

2007年、関東大学リーグ戦。駒澤大学時代

2012年6月、東洋大学ボクシング部道場にて。金城眞吉監督の指導を仰ぐ村田

2011年11月、全日本選手権決勝。対青木（東京農大）戦

2006年、兵庫国体。対笹原伊史（福井県）戦後、握手を交わす清水

2012年6月、村田のジムワークを見つめる東郷武総監督

2005年、岡山国体。福島県代表選手団。前列右端が須佐

2012年6月、自衛隊体育学校内にて

2006年10月、兵庫国体。京都府代表として出場した村田

2006年、兵庫国体。試合後、対戦相手と握手を交わす須佐

熊本道之岡山県監督と

2006年10月、兵庫国体。試合に臨む村田

2012年6月、自衛隊体育学校ボクシング部道場にて

2008年、北京五輪壮行会。学生から「おやっさん」と慕われる元ボクサー・村野常夫氏と

2007年、関東大学リーグ戦。駒澤大は2部優勝を飾り、1部昇格

2007年、全日本選手権。試合に臨む清水。熊本道之コーチと

2012年6月、自衛隊体育学校ボクシング部道場にて

2009年、新潟国体。団体優勝した岡山県チーム

2006年、兵庫国体。試合を終えて互いの健闘を称える清水

2005年3月、全国高校選抜の試合に臨む鈴木。恩師・札幌高の藤田和王監督と

2012年6月、自衛隊体育学校ボクシング部道場にて

2005年3月、全国高校選抜。ライト級で優勝した鈴木

2005年、岡山国体。北海道チーム。前列左から3人目が鈴木

2009年、新潟国体。対合田幸司朗（兵庫県）戦の鈴木

2009年、関東大学リーグ戦。拓殖大学・中洞三雄監督と

2009年、関東大学リーグ戦。優勝した拓殖大チーム。前列中央が故・鈴木達夫監督

2008年、関東大学リーグ戦。強烈なパンチを放つ鈴木

2012年6月、自衛隊体育学校ボクシング部道場にて

2012年5月、拓殖大ロンドン五輪壮行会。先輩の内山高志他、五輪代表選手らと

2012年6月、自衛隊体育学校ボクシング部道場にて

2012年6月、札幌市で行なわれた五輪壮行会にて。祖父、弟、母・結花里らと共に

2012年6月、五輪壮行会。激励の横断幕と共に（札幌市）

第2章 ロンドンに懸けた男たち

川内将嗣（北京五輪代表）。2009年、新潟国体。佐賀県代表として出場した

井上尚弥。2009年、新潟国体

2010年3月、自宅でビデオを見ながら研究する井上一家

2010年3月、自宅近くで父・真吾と共にトレーニングに励む井上兄弟

2011年8月、全国高校総体。セコンドの海藤晃神奈川県監督と共に

2008年5月、北京五輪代表に決まった川内。合宿の合間に

2003年、静岡国体。山口正一佐賀県監督と川内

2012年6月、自体校ボクシング部道場で五輪代表・清水のミット打ちの相手をする川内

2009年、新潟国体

成松大介。2011年7月、東京農業大ボクシング部道場にて

青木貞頼。2010年11月、全日本選手権

中澤奨。2011年11月、全日本選手権

中澤奨。2012年5月、東京農業大ボクシング部道場にて

服部聖志。2011年10月、山口国体

藤田大和。2011年10月、山口国体

2010年3月、全国高校選抜大会。試合を観戦する長兄・和典と健児

2011年8月、全国高校総体。健児のセコンドに就く大和

林田太郎。2011年11月、全日本選手権

林田太郎。2012年5月、駒澤大ボクシング部道場にて

濵崎良太。2012年5月、駒澤大ボクシング部道場にて

濵崎良太。2011年5月、関東大学リーグ戦

中山翔太。2010年、千葉国体

岡田良綱。2011年11月、全日本選手権

福森雄太。2011年10月、山口国体

2010年、千葉国体。試合観戦する元近畿大ボクシング部のメンバー他

第3章 五輪の轍

平仲信明（ロス五輪代表）。'83年、関東大学リーグ戦。レフリーは石丸利人（ヘルシンキ、メルボルン五輪代表）

1988年、全日本選手権。バンタム級・松島勝之（左）対瀬川説男（共にソウル五輪代表）

高見公明（ソウル五輪代表）。1988年、全日本選手権

黒岩守（ロス／ソウル五輪代表、左側）。1984年、全日本選手権

黒岩守。1983年、群馬国体。セコンドは故・吉本秋雄群馬県監督

WBAスーパーライト級チャンピオンとなった平仲信明。1992年、沖縄ジムにて

1986年、プロアマ合同年間優秀選手表彰式（写真左から六車、平仲、浜田、大和田、高橋）

東悟（ロス五輪代表、左側）。1984年、関東大学リーグ戦

長島浩（バルセロナ五輪代表、右側）。1986年、全日本選手権。対三浦国宏（拓殖大）戦

辻本和正（アトランタ／シドニー五輪代表）。2002年、高知国体

木庭浩一（モスクワ五輪代表、右側）。2011年、全国高校総体

三浦国宏（ロス五輪代表、右側）。1989年、全日本選手権

瀬川正義（ロス五輪代表、左側）。1984年、全日本選手権。対阿部一彦（日本大）戦

中村司（モスクワ五輪代表、右側）。1989年、札幌国体

ロス五輪代表選手壮行会。1984年、岸記念体育館にて

柴田勝治（元ＪＯＣ会長、日本アマチュアボクシング連盟会長）。ロス五輪壮行会にて

山田渉（ソウル五輪代表）。1985年、関東大学リーグ戦

荻原千春（ロス五輪代表）。1982年、全日本選手権

関（阿部）義文（モントリオール五輪代表、左側）。1988年、全日本選手権決勝。友部隆対黒岩守戦

高橋良秋（ソウル五輪代表）1983年、関東大学リーグ戦。セコンドは拓殖大学の故・鈴木達夫監督

1984年、全日本選手権。試合に敗れ、ロス五輪の代表権を失った樋口伸二

樋口伸二（モスクワ五輪代表）。五輪代表権のベルトを巻いて

菅藤弘（モスクワ五輪代表、左から3人目）。1982年、全日本社会人選手権表彰式

副島保彦（モスクワ五輪代表）。1983年、群馬国体

副島保彦（モスクワ五輪代表、左側）。1983年、全日本選手権。対三浦国宏（拓殖大）戦

川上雅史（バルセロナ五輪代表、右側）。1992年、全日本選手権

荒井幸人（モスクワ五輪代表、右側）。1983年、全日本選手権

佐々木忠広（バルセロナ五輪代表、右側）。1990年、全日本選手権。対野宮正城（法政大）戦

土橋茂之（バルセロナ五輪代表）。1989年、全日本選手権

仁多見史隆（アトランタ五輪代表）。1996年、東京農業大ボクシング部道場にて

本博国（アトランタ五輪代表、ロンドン五輪監督、右側）。1990年、全日本選手権

五十嵐俊幸（元東京農大、アテネ五輪代表）。2001年、全国高校総体

石田順裕（元近畿大、元ＷＢＡ世界スーパーウェルター級暫定王者）。1991年、全国高校総体。フライ級で出場

赤井英和（元近畿大、モスクワ五輪代表候補）。1984年、後楽園ホールにて

2011年全国高校総体、赤井（中央）がアマチュア復帰宣言。中央右は日本連盟山根明会長。左はプロ協会大橋会長

清水智信（元東京農大、元ＷＢＡ世界スーパーフライ級王者）。2001年、宮城国体

内山高志（元拓殖大、ＷＢＡ世界スーパーフェザー級王者）。2001年、宮城国体。対細野悟（福島県）戦

八重樫東（元拓殖大、ＷＢＡ世界ミニマム級王者）。アマチュア時代

大橋秀行（横浜高～専修大、現日本プロボクシング協会会長）。アマチュア時代

YELL FROM BOXERS

「須佐勝明、清水聡、鈴木康弘、村田諒太の各選手！　君たちは記録に残る選手になるのではなく歴史に名前を刻む選手になりなさい！　日本中のボクシング関係者の期待と応援を背に渾身の力を出し切れ！」

山根　明
㈳日本アマチュアボクシング連盟会長

「ボクシング選手としてピークの生命は一瞬しかない。そんな中でオリンピック出場を手にした幸運と力を持ったアスリートであると思う。そこにはあなたの努力と神から頂いた幸運がある。心に残るファイトを全力でぶちかましてくれ！」

赤井英和
元近畿大学ボクシング部
（モスクワ五輪代表候補）

「僕にとってもオリンピックに出場することは夢でした。出場できることは素晴らしいと思います。自分と同じ重量級の選手もいるので注目しています。ベストを尽くして頑張ってほしいですね」

石田順裕
元近畿大学ボクシング部
元ＷＢＡ世界スーパーウェルター級
暫定チャンピオン

「今回の代表4人には大いに期待しています。アマチュアボクシングで長い間お世話になった自分にとっても君たちのボクシングを世間にアピールしてもらえたらうれしいです。そして世界に挑む後輩（鈴木）にエールを送ります。『必勝！康弘』」

内山高志
元拓殖大学ボクシング部
ＷＢＡ世界スーパーフェザー級チャンピオン

「リングの上で輝く姿を見せてほしい」

鈴木結花里
鈴木康弘選手の母

「オリンピックに出場する輝く後輩を誇りに思います。夢の舞台で多くの経験をしてきてください」

八重樫　東
元拓殖大学ボクシング部
ＷＢＡ世界ミニマム級チャンピオン

「モスクワ五輪の代表権を獲得したが日本の不参加で出場できず、長年追い求めた五輪が阻まれた。出場できたとできていないとでは大きな違いが生じたと痛感している。４名の代表者には、日本人としてメダルをもぎ取って帰ってきてほしい。きっと人生が変わる。強い意志を持って臨んでもらいたい」

荒井幸人
元中央大学ボクシング部
（ライト級、モスクワ五輪代表）

「モスクワの舞台には立てませんでしたが、オリンピック代表になることは自分の目標であり集大成でした。選手には、日本悲願のメダルを獲ることに専念してほしいです」

中村　司
元中央大学ボクシング部
（ライトフライ級、モスクワ五輪代表）

「代表になってから合宿や遠征で自分を追い込み結果も残していました。その後、日本がオリンピックに不参加と決まり、放心状態になりました。怪我もあって引退を考えましたが、それからも12年間、リングに上がり続けました。今年はメダルを期待できる選手がたくさんいるので頑張ってほしいです」

樋口伸二
元中央大学ボクシング部
（フェザー級、モスクワ五輪代表）

「小学生からの夢だったオリンピック出場が決まった後、日本がボイコットすることになりました。引退するかプロになるか迷いましたが、同級生らに説得され何とか続けられました。そのおかげで、今の自分があります。メキシコ以来のメダルに期待しています。日本国民すべてが応援していますよ」

副島保彦
元中央大学ボクシング部
（ライトウェルター級、モスクワ五輪代表）

「メダルまであと一勝のところで敗れ悔しい思いをしました。でも、それを忘れないように、負けて手が上がっていない写真を、いつも見えるところに飾っています。今ではその経験が自信になっています。代表選手にはメダル獲得へ向けて“日本” というチームで頑張ってほしい」

黒岩　守
元日本大学ボクシング部
（ライトフライ級、ロス／ソウル五輪代表）

「日本での過酷な代表争いの末に出場になったので負けられないという思いで臨みました。メダルを獲るために自分をもっと追い込めていたら…と振り返って思います。今、日本のレベルは上がってきている。大学の後輩鈴木康弘君も出場しますし、期待しています」

瀬川正義
元拓殖大学ボクシング部
（フライ級、ロス五輪代表）

「試合で勝つためには精神力を養うことが一番大切。練習したことは試合に生きます。プロボクサーになってもオリンピックから学ぶことは数多くありました。人生を変えるほどの大舞台なんです。出場することだけに満足せずメダルを獲ってください」

平仲信明
元日本大学ボクシング部
（ウェルター級、ロス五輪代表）
元ＷＢＡスーパーライト級チャンピオン

「ソウルでは銀メダリストに敗れました。僕は、一度負けた相手には雪辱を果たすタイプだったので、ならば次は勝って金メダルを獲るぞとボクシングを続けました。オリンピックは国力を競う平時の闘い。日本人としての誇りとプライドを持って闘ってほしい。今回の結果次第で子どもにも良い影響を与え、2020年の東京オリンピック開催に繋がってくれれば喜ばしいです」

山田　渉
元拓殖大学ボクシング部
（フェザー級、ソウル五輪代表）

「今回の代表選手はみな可能性があると思います。世界選手権2位の村田、アジア枠になってから初の連続出場を決めた清水、国際試合が豊富でベテランの試合運びをする須佐、体格に恵まれたスピードの鈴木。ここまでのメンバーでオリンピックに挑むのは初めてでは。全選手が五輪で開花することを願っております」（楽しい絵文字入りで伝言いただきましたが、残念ながら割愛させていただきました）

三浦国宏
元拓殖大学ボクシング部
（ライトウェルター級、ソウル五輪代表）

「1年の治療が必要と宣言された鈴木を勇気付けるために連絡したら、彼は『神経がつながってないから腕は動かないはずなのに僕は特別みたいですよ。こんなに動くんです！　僕は続けますから心配しないでください』と、逆に勇気を与えてくれました。世界選手権で負けたサピエフ相手に借りを返せ。メダルを持って帰ってこられたら色は関係ないよ。君は心配いらないよ」

藤田和王
北海学園札幌高校ボクシング部顧問

「五輪代表おめでとうございます。ロンドンで日本人ボクサーの44年ぶりのメダリスト誕生という期待が高まっています。4選手が力を十分に発揮してメダルを日本にもたらして下さい。皆で“団結と絆”を持って頑張ってください」

海藤　晃
神奈川県アマチュアボクシング連盟副会長
（元横浜高校ボクシング部顧問）

「まずは4名の代表選手たちへ。五輪出場おめでとう！　でもオリンピックは参加するだけではダメだよ。まず勝たなければしょうがない。そのためには工夫が必要だよ。ボクシングは腕や拳でやるものじゃなく、足を使って闘うものだ。頭を使ってフットワークを使いこなすことが必要だ。そして最短距離で打つこと。この二つが勝利に繋がるといえる。リングでは一生懸命、死に物狂いでやるもんだ。全力を尽くして頑張って、必ず4個目のメダルを持って帰ってきてくれ」

田辺　清
元中央大学ボクシング部
（フライ級、ローマ五輪銅メダリスト）

「出場選手たちへ期待しています。2回出た人もいますが、もう4年後はない、一度だけのこと。必ずメダルを持って帰ってきてほしい。歴史に残ることです。君たちがメダルを獲れば次に続く有望な選手が出てボクシング界をもっと変えられると信じています」

木庭浩一
元日本大学ボクシング部
（フライ級、モスクワ五輪代表）

「気持ちで負けずに自分の持っている力を発揮してください。これまでの成果をリングで出し切ることです。今回の選手たちは自分の力を出せればメダルを取れるところまで来ているので、気負わずに闘ってもらいたいと思います」

辻本和正
元日本大学ボクシング部
（フライ級／バンタム級、
アトランタ／シドニー五輪代表）

「私が出たローマのころは全員が学生でしたが、今回はみんな社会人。時代は変わりましたね。銅メダリストの田辺清さんは準決勝で負けてしまいましたが、決勝でも勝てる力を持っていました。中央大学のバンタム級の芳賀勝男君と同じで残念でした。運、不運を伴うボクシング。すべてに負けずに頑張ってボクシング界を盛り上げてください。今はサッカーなどが注目されていますが、もっと子どもたちが参加できるようにボクシングのイメージを良くしたいですね。オリンピックに出場してこれからの人生に生かしてほしい」

伊藤靖倖
元早稲田大学ボクシング部監督
（ライト級、ローマ五輪代表）

「幻で終わったモスクワ五輪は心の中に不完全燃焼のまま眠り続けました。出たくても出ることができなかった私達からすればオリンピックのリングに上がる選手は幸運です。だからこそ、代表者たちにそれ以上のものを期待しています。出場という悲願を果たせなかった者たちまでを背負ってとは言いません。後押しする者たちが大勢いることを忘れないでロンドンではやり遂げてほしいと思います」

菅藤　弘
元中央大学ボクシング部
（バンタム級、モスクワ五輪代表）

「『チャンスを活かす』ことに集中してください。私の五輪はメキシコ大会準々決勝で地元選手と対戦。ジャッジペーパー方式で5－0ではありましたが、すべてが1ポイント差で相手選手が勝ち上がり金メダリストに。なぜもっと欲を出してもう少し闘えなかったかと思い返します。4年に一度の五輪ですから欲を持って闘うことを期待しています」

中村哲明
元明治大学ボクシング部
（フライ級、メキシコ五輪代表）

「五輪出場おめでとうございます。試合で大切なことはリングに上がったら集中力を保つこと。上がってから下りるまで集中力を維持できるか、それは個人差がありますが、程よい緊張感も必要です。それは普段から自分の試合に対する思いをどれだけ維持できるかにかかっています。技術力、体力、精神力もそうですが精神的バランスを持ってリングに上がることができるように調整できればと思います」

関（阿部）義文
元中央大学ボクシング部監督
（ウェルター級、モントリオール五輪代表、プレ五輪金メダル）

「元気のない日本にメダルを獲って力を与えてほしいと思います。それができるのは輝くステージに上がる方々に授けられた使命ではないかと思います。五輪に出た人、出なかった人も含め、日本のボクサーの代表として国を背負いつつも自分のためにも楽しむことを忘れずに闘ってください。日本の代表者としての自覚と、自分自身を見失わないバランスが必要だと思います」

仁多見　史隆
元東京農業大学ボクシング部
（ライトウェルター級、アトランタ五輪代表）

「リングに上がり観客の顔も人の声も聞こえないほど固くなった私を早稲田の市原コーチがニュートラルコーナーへへ歩かせて、レモンをかじらせてリラックスさせてくれたことを懐かしく思い起こします。選手の皆さん、リラックスして監督・コーチの話を聞くことです」

鈴木進悦
元東京農業大学ボクシング部
（フェザー級、ローマ五輪代表）

「五輪代表という世界の壁は厚いと思いますが夢を実現させてください。期待しています。ここまできたら“心”です。精神力の勝負。気合で闘い自分を乗り越えてください」

川上雅史
元中央大学ボクシング部
（ウェルター級、バルセロナ五輪代表）

「みなそれぞれ、闘う自分の為に代表として出場すると思いますが、自分以外の出場できなかった選手の分まで活躍を願います。いつも以上にパワーを発揮してほしいと思います」

川内将嗣
元専修大学ボクシング部
（ライトウェルター級、北京五輪代表）

「僕たちの頃は、世界で活躍できる場は少なく機会もありませんでした。オリンピックのメダルは遠いものでしたが、メダルを持って帰ってきてくれたら嬉しいですね」

清水智信
元東京農業大学ボクシング部
元WBA世界スーパーフライ級チャンピオン

「競技の最後に目指すものはオリンピック出場とメダル獲得が究極ではないでしょうか。オリンピックの大舞台に立てることは最高です。日の丸を背負ったことを忘れずに、これからの人に伝えていくことが大切です。涙ではなく笑いで日の丸を揚げて下さい」

高橋良秋
元拓殖大学ボクシング部
（ウェルター級、ソウル五輪代表）

「選手たちの活躍と44年ぶりのメダルを期待しています。大いに楽しんでボクシングしてください！」

高見公明
元大阪体育大学ボクシング部
（バンタム級、ロス五輪代表）

「選手の皆さんはボクシングの集大成として結果を出してください。『鈴木康弘、どさん子パワーで頑張れ！』」

清水正澄
北海道アマチュアボクシング連盟理事長

「努力して代表になれたことは素晴らしいが、出場できたことに満足せず、日本代表としてメダルを持ち帰る気迫をさらに望みたい」

金城眞吉
東洋大学ボクシング部監督

「五輪史上最強のメンバーだと思います。中でもフライ級の須佐君は経験と実績を持っています。重量級では強豪と対戦しながら世界選手権で銀メダルを獲得した村田君がいます。強い選手と当っても44年ぶりにメダルを獲得してくれると期待しています。鈴木君、清水君は身長とリーチを活かしたスピードのある動きで試合をリードしてチャンスを掴んでくれるでしょう。力を合わせ全員の活躍を期待いたします。私も専修大学の頃、ロス五輪を目指していましたが夢は叶わず、プロになってから“世界”を獲ることができました。これもアマチュア時代の基本があったからだと思います。オリンピックでメダルを獲得することはプロで世界タイトルを獲る数倍の力を必要とするでしょう。『日本のサムライ達』の活躍を見守っています」

大橋秀行
日本プロボクシング協会会長

五輪への長き道のり

〜櫻井孝雄さんを偲んで〜

五輪のボクシング競技に初めて出場した日本人選手は岡本不二《ふじ》（日本拳闘倶楽部・名古屋）と臼田金太郎（日本拳闘倶楽部・大田区）。1928年（昭和3年）、第9回アムステルダム大会だった。戦後は1952年（昭和27年）、第15回ヘルシンキ大会から再び出場を果たし、1960年第17回ローマ大会でフライ級の田辺清[※1]（中央大学）が日本人初のメダリスト（銅）となる。そして、1964年の第18回東京五輪。バンタム級代表の櫻井孝雄[※2]（中央大学）が念願の日本人初の金メダルを獲得。次いで1968年メキシコ大会でバンタム級の森岡栄治[※3]（近畿大学、2004年11月9日没）が三人目となるメダル（銅）を獲得。だが、三大会連続のメダル獲得後、その栄誉は現在に至るまで遠ざかっている。

東京五輪からすでに48年が過ぎた。そして2012年、第30回ロンドン五輪が開催される今年1月20日、日本人唯一の金メダリストであった櫻井孝雄が、70年の人生に幕を閉じた。その結果、存命の日本人メダリストは田辺清ただ一人となってしまった。

＊

「僕を世界チャンピオンにしてくれたのは櫻井さん、あんた……あんたが僕を導いてくれたんだよ。仕事帰り、ボクシングをしようかと悩みながら三迫ジムの前をウロウロしていた僕に最初に声をかけてくれたのはあんただったよね」

今年3月の「櫻井孝雄　お別れ会」の副委員長を務めた輪島功一の弔辞である。輪島は、そのまま櫻井が所属していた三迫ジムの門をくぐり、練習生になる。そして炎の男、世界スーパーウェルター級チャンピオン輪島功一が誕生する。

「同じことを繰り返し出来ないやつはチャンピオンにはなれないよ」。不器用ながらも練習に励む輪島に、そう言って檄を飛ばしたこともあったという。

長男の櫻井大佑は、習志野高校から明治大学とボクシングを続けてきた。「僕は父が大切にしていた『基本に忠実に』という言葉を忘れずに指導していくことを心がけています」と頼もしく語った。

「視界からすっと消える猫のような鋭さだった」と語るのは、現役時代に三度、櫻井と拳を交えた日本大学ボクシング部OBの今泉宏隆だ。東京五輪前の全日本選手権で勝ちながらも五輪代表選考会で敗れた経験を持ち、沖縄の五輪強化合宿でも櫻井と共に汗を流した。

「機敏さは俺も褒められていたけど、最後は勝てなかったなぁ」と、

ワンツースポーツクラブ創立祝賀会。写真中央が日本ホームメイド協会会長灘吉利晃、右隣が三迫仁志、二つ左が故・櫻井孝雄、二つ右が輪島功一（1996年4月）

三谷大和にサウスポー対策を伝える故・櫻井孝雄。三迫ジムにて（1996年1月）

ローマ五輪銅メダリスト・田辺清（左）と故・櫻井孝雄。中央大ボクシング部創立80周年記念対談にて（2009年10月）

ワンツースポーツクラブの創立祝賀会で祝辞を述べる輪島功一（1996年4月）

昨日のことのように語った。

「お前な、勝ってもいばんなよ。謙虚でいろよ」

当時、大学２年の時に全日本で優勝した糸川保二郎（現中央大学ボクシング部監督）に、4年だった櫻井はこんな助言をした。普段の櫻井は人付き合いが下手で、物静かな先輩だった。だからなおさら、その言葉は糸川の心にしみた。

当時の道場はリングとサンドバックが並ぶ脇に一畳分の間仕切が３段６列並ぶだけの、まさにタコ部屋だった。汗の臭いが立ち込める25名ほどの猛者たちとの共同生活。朝６時の起床、道場と風呂、便所の掃除、朝のロードワーク。その日怠った行為があれば、夜の練習後に正座と説教が待っている。強化合宿時は１年が交互に食事当番を行い、全員分を作る。新入部員はこの生活に耐え切れず夜逃げをやらかし、連帯責任で全員また正座。涙が止まらない夜、部員たちは何度唇をかみ締めたことか。

糸川は、櫻井の付き人のように毎日、練習後に1時間ほどマッサージをした。だが、櫻井から直接説教された記憶がない。彼の役割は、櫻井の実家がある佐原市に櫻井の生活費を貰いに行くこと。当時文京区富坂上にあった中央大学理工学部内の道場から電車で往復したことや、自分だけ夕食をご馳走してもらったことも、今では良き思い出である。

＊

「本当にありがとう。もうそれ以外に言う言葉は見つからないよ。あんたが僕を創ってくれたんだ。あんたがいたから今の僕がある。１歳しか違わないのに早すぎるよ。僕が逝く時は足、引っ張んなよ。手を引っ張ってくれよ」

遺影に向かって頭をたれた輪島の赤面した頬には、光るものがあった。

故・櫻井孝雄長男、櫻井大佑。東京中央区のワンツースポーツクラブにて

「櫻井孝雄　お別れ会」に参列した田辺清（2012年３月）

※1　田辺　清（たなべ・きよし）
1940年（昭和15年）10月10日生まれ。青森県青森市出身。アマチュア120戦115勝5敗。プロ22戦21勝（5KO）1分。青森工業高校でボクシングを始め、1958年第12回全国高校選手権大会フライ級で優勝。中央大学進学後は仕事をしながらリングに上がり国内タイトルを総なめにする。大学２年時の1960年、ローマ五輪に出場、フライ級で銅メダルを獲得。卒業後日刊スポーツに入社したが半年で退社。1963年12月4日、田辺ジム所属でプロデビュー。 1965年10月25日、14戦目で日本フライ級王座を獲得。1967年2月20日、ノンタイトル10回戦で、世界王者オラシオ・アカバリョに6回TKO勝ち。その時指導を受けたトレーナーはエディー・タウンゼント。同王者との世界王座を賭けた試合決定後、右目に網膜剥離を発症。2年間の手術療養の甲斐なく失明し、無敗のまま現役引退。

※2　櫻井孝雄（さくらい・たかお）
1941年（昭和16年）9月25日生まれ。千葉県佐原市（現香取市）出身。アマチュア138勝（45KO・RSC）13敗。プロ30勝（4KO）2敗。中学時代は長距離選手。佐原第一高校（現佐原高校）定時制に入学。昼は実家で農業を手伝い夜学へ通っていた時、体育の選択科目のボクシングを選ぶ。1960年、全国高校選手権バンタム級で優勝後、中央大学に進学。田中宗夫監督の指導を受ける。4年時の東京五輪バンタム級で金メダルを獲得。翌年、三迫ジムよりプロデビュー。1968年世界バンタム級王者ライオネル・ローズに挑戦、惜しくも０－２の判定負け。その後東洋太平洋バンタム級王座獲得、2度の防衛後1971年ベルトを返上し、現役引退。喫茶店経営や不動産会社勤務を経て1996年4月より東京都中央区で「ワンツースポーツクラブ」を運営、会長を務めた。2012年1月10日船橋市の自宅で食道癌のため永眠、享年70歳。

※3　森岡栄治（もりおか・えいじ）
1946年（昭和21年）6月8日生まれ。大阪市大正区出身。アマチュア138戦128勝（72KO・RSC）10敗。プロ11戦7勝4敗。大阪浪商高（現大体大浪商高）3年時の1964年第18回全国高校選手権バンタム級で優勝。その後近畿大学へ進み、1965年から全日本選手権同級四連覇。1968年メキシコ五輪同級で銅メダル。卒業後プロ入りしたが、右目網膜剥離のため25歳で引退。現在の森岡ボクシングジム（兵庫県川西市）設立。1998年から3年間、西日本ボクシング協会会長を務め、近畿大学体育会ボクシング部OB会会長も歴任した。2004年11月9日、食道癌により永眠、享年58歳。ジムは同OBで長男の和則が引き継ぎ、森岡ボクシングジムを運営、愛称ブロンズチーム。

日本人選手　五輪出場年表

階級	名前	所属	結果
１９２８年　第９回　アムステルダム大会			
Ｂ	岡本不二	日本拳闘倶楽部（名古屋）	１回戦敗退
Ｗ	臼田金太郎	日本拳闘倶楽部（大田区）	ベスト８（５位入賞）
１９３２年　第１０回　ロサンゼルス大会			
Ｆ	村上清信	明薬大ＯＢ	１回戦敗退
Ｂ	中尾　明	法政大ＯＢ	１回戦敗退
Ｆｅ	亀岡勝雄	日大	１回戦敗退
Ｌ	黄　乙秀	プロ	１回戦敗退
Ｗ	平林愛国	明大	１回戦敗退
１９３６年　第１１回　ベルリン大会			
Ｆ	中野千代人	専大	２回戦敗退
Ｂ	橋岡俊平	法政大ＯＢ	１回戦敗退
Ｆｅ	宮間佐治郎	プロ	ベスト８（５位入賞）
Ｌ	永松英吉	明大	２回戦敗退
Ｗ	李　奎煥	プロ	１回戦敗退
１９５２年　第１５回　ヘルシンキ大会			
Ｆ	永田吉太郎	日大	１回戦敗退
Ｆｅ	石丸利人	早大	１回戦敗退
１９５６年　第１６回　メルボルン大会			
Ｆ	米倉健治	明大	３回戦敗退
Ｆｅ	鈴木信一朗	明大	３回戦敗退
Ｌ	石丸利人	ハワイ大	２回戦敗退（２回目）
１９６０年　第１７回　ローマ大会			
Ｆ	田辺　清	中大	銅メダル獲得
Ｂ	芳賀勝男	中大	３回戦敗退
Ｆｅ	鈴木進悦	農大	２回戦敗退
Ｌ	伊藤靖倖	早大	３回戦敗退
ＬＷ	渡辺勝治	中大	２回戦敗退
１９６４年　第１８回　東京大会			
Ｆ	吉野洲太	日大ＯＢ	２回戦敗退
Ｂ	櫻井孝雄	中大	金メダル獲得
Ｆｅ	高山将孝	早大	２回戦敗退
Ｌ	白鳥金丸	早大	３回戦敗退
ＬＷ	米倉宝二	立教大	３回戦敗退
Ｗ	浜田吉次郎	近大	ベスト８（５位入賞）
ＬＭ	益田弘二	早大	２回戦敗退
Ｍ	天間　一	自体校	１回戦敗退
Ｈ	丸山忠行	自体校	１回戦敗退
１９６８年　第１９回　メキシコシティ大会			
ＬＦ	渡部惇二	近大	１回戦敗退
Ｆ	中村哲明	明大	ベスト８（５位入賞）
Ｂ	森岡栄治	近大	銅メダル獲得
Ｆｅ	岡本　正	日大	１回戦敗退
１９７２年　第２０回　ミュンヘン大会			
ＬＦ	新垣吉光	日大	１回戦敗退
Ｆ	永井希仁男	日大	２回戦敗退
Ｆｅ	小林和男	自体校	ベスト８（５位入賞）
ＬＷ	篠原恭二	近大	ベスト８（５位入賞）
１９７６年　第２１回　モントリオール大会			
ＬＦ	内山　昇	中大	１回戦敗退
Ｆ	古賀俊憲	佐賀県庁	３回戦敗退
Ｂ	石垣　仁	専大	３回戦敗退
Ｆｅ	小田桐幸雄	拓大	３回戦敗退
Ｌ	瀬川幸雄	自体校	２回戦敗退
Ｗ	関　義文	中大	３回戦敗退
１９８０年　第２２回　モスクワ大会			
ＬＦ	中村　司	中大ＯＢ	ボイコットのため不参加
Ｆ	木庭浩一	日大ＯＢ	〃
Ｂ	菅藤　弘	山形県庁	〃
Ｆｅ	樋口伸二	中大	〃
Ｌ	荒井幸人	中大	〃
ＬＷ	副島保彦	中大	〃
１９８４年　第２３回　ロサンゼルス大会			
ＬＦ	黒岩　守	日大	ベスト８（５位入賞）
Ｆ	瀬川正義	拓大	２回戦敗退
Ｂ	高見公明	奈良王寺工業高校職員	３回戦敗退
Ｆｅ	東　悟	日大	２回戦敗退
ＬＷ	三浦国宏	拓大	１回戦敗退
Ｗ	平仲信明	日大	２回戦敗退
ＬＭ	荻原千春	自体校	３回戦敗退
１９８８年　第２４回　ソウル大会			
ＬＦ	黒岩　守	アシックス	１回戦敗退（２回目）
Ｆ	瀬川設男	拓大	２回戦敗退
Ｂ	松島勝之	日大	ベスト８（５位入賞）
Ｆｅ	山田　渉	拓大	２回戦敗退
Ｌ	東　悟	日大	２回戦敗退（２回目）
ＬＷ	三浦国宏	京都府体育協会	１回戦敗退（２回目）
Ｗ	高橋良秋	セントラル	１回戦敗退
１９９２年　第２５回　バルセロナ大会 ＊この大会以降、五大陸での選考会により出場者を決定			
ＬＦ	佐々木忠広	農大	２回戦敗退
Ｌ	土橋茂之	法政大ＯＢ	２回戦敗退
Ｗ	川上雅史	中大	１回戦敗退
ＬＭ	長島　浩	日大ＯＢ	１回戦敗退
１９９６年　第２６回　アトランタ大会			
Ｆ	辻本和正	日大	１回戦敗退
ＬＷ	仁多見史隆	農大	１回戦敗退
Ｍ	本　博国	自体校	２回戦敗退
２０００年　第２７回　シドニー大会			
Ｂ	辻本和正	日大ＯＢ	２回戦敗退（２回目）
Ｆｅ	塚本秀彦	日大	１回戦敗退
２００４年　第２８回　アテネ大会			
ＬＦ	五十嵐俊幸	農大	１回戦敗退
２００８年　第２９回　北京大会			
Ｆｅ	清水　聡	駒大	１回戦敗退
ＬＷ	川内将嗣	専大	１回戦敗退

Photo by Miki Hirose

高尾啓介（たかお・けいすけ）

1958年（昭和33年）生まれ。佐賀県佐賀市出身。社団法人日本写真家協会会員。龍谷学園佐賀龍谷高校～中央大学時代、ボクシング選手としてリングに上がる。アマチュアボクシングの全国高校総体、国民体育大会を中心に、毎年ライフワークとして会場を訪れ、撮影を続ける。雑誌、TV、広報誌プログラム等で公表。著書に『この道一筋　高校ボクシング指導者の横顔』（石風社）、『目で見るボクシング』、『攻撃ボクシング』、『図解ボクシング』（以上成美堂出版）の他、スポーツシリーズなどの写真撮影を手がけたもの多数。
平成15年国民体育大会（静岡）を始め平成16年埼玉国体、平成18年大阪高校総体会場で競技開催期間中に写真展を開催。平成19年の佐賀総体では県庁佐賀県民ホールにて写真展「この道一筋」を開催するなど、さまざまなボクシング会場で、近年のアマチュアボクシング史を伝えている。

30年分の集大成をここに制作できましたことを心よりお礼申し上げます。そして数十年経っても語り楽しむことが出来るものであるならば、これほどの幸福はありません。総ての関係者の皆様へ感謝申し上げます。

2012年7月吉日　高尾啓介

※本文中の肩書き、キャプションは2012年6月1日現在のものです

メダリストへの道　五輪に挑むボクサーたちの肖像

2012年7月28日初版第1刷発行

2012年8月20日初版第2刷発行

著　者　高尾啓介　　編　集　松本有樹

発行者　福元満治　発行所　石風社　福岡市中央区渡辺通2-3-24ダイレイ第5ビル5階

電話092（714）4838　FAX 092（725）3440

印刷・製本　シナノパブリッシングプレス